Recomendaciones de ¡Celebra Quién Eres!

"Quedé asombrado por la forma tan acertada y completa que el resultado de la evaluación me describió. El nivel de detalle y fiabilidad del reporte demostró que nuestra pequeña inversión de tiempo, esfuerzo y dinero valió la pena."
-Tom W., Inversiones en Gas y Petróleo

"El nivel de detalle y profundidad de entendimiento que obtuve con el resultado de mi Estilo de Percepción es mucho mayor – e inmediatamente útil – que el de cualquier otra evaluación que he completado. La diferencia es simplemente increíble."
-Flo B., Abogada

"Claramente, recuerdo dos momentos a lo largo de mi experiencia con este programa en que me dije "¡Wow!". El primero ocurrió el día en que repartieron nuestros resultados de la evaluación. Todos los gerentes que participaron se reunieron en una sala de conferencias. Cada uno recibimos nuestros resultados y se nos agrupó alrededor del cuarto de acuerdo con nuestro Estilo de Percepción. Me acuerdo pensar que, en mi grupo, estaban aquellas personas con quien siempre me he llevado bien. Cuando el instructor empezó a hablar sobre el grupo, las descripciones que usó fueron tan reales que no pude ignorarlas. Cuando dijo, "¡Ustedes eran esos estudiantes que se sentaban en clase pensando que sabían más que el profesor!" Este fue mi momento de decir "¡Wow!" Nunca había confiado este pensamiento con nadie más, aunque verdaderamente lo pensé durante la mayor parte de mis estudios. Era como si este tipo pudiera leer mi mente. Fue entonces cuando decidí que lo mejor que podría hacer es no descartar este programa. Ustedes se ganaron mi atención."
-Eric D., Director Administrativo

"¡Celebra Quién Eres! me proporcionó importante perspicacia sobre quien verdaderamente soy, lo cual sirvió para callar la parte de mi mente que permanentemente critica todo y empezar a poner atención. Mi momento "¡Wow!" ocurrió cuando me di cuenta de que para salir adelante necesitamos utilizar nuestras habilidades. Debemos entender nuestras debilidades, pero no nos debemos enfocar en ellas, pues esto es frustrante y contraproducente. Cuando me desempeñaba como reclutador de ejecutivos, decíamos que era imposible enseñarle a cantar a un cerdo pues frustra al maestro e irrita al cerdo".

-Jonathan C., Ventas y Relaciones Públicas

"¡Celebra Quién Eres! es más valioso que DiSC, Myers-Briggs, o Birkman porque se puede aplicar de forma inmediata y fácil."

-Jim C., Gerente de Comunicaciones

Serie El Poder de su Percepción

¡CELEBRA QUIEN ERES!

Reclame sus fortalezas, Transforme su vida

Ajustes
Estilo de Percepción

Lynda-Ross Vega
Gary M. Jordan, PhD

Traducción de Ricardo Alberto Vega García y Maria Elena Triviño Vega
Diseño de la portada del libro por Alejandro Martin – Bloom Design Agency

ISBN: 978-1-958087-17-6

Impreso en los Estados Unidos de América

Solicitud de permiso para hacer copias de cualquier parte de este libro se puede hacer a:
Vega Behavioral Consulting Ltd.
1540 Keller Parkway, Suite 108-324
Keller, TX 76248
(817) 379-9952

https://thepowerofyourperception.com/portada

¿Cree que su Estilo de Percepción™ es AJUSTES?*

¡Entonces esta guía de acción fue creada especialmente para usted!

Prepárese para…

- Identificar las habilidades, dones y destrezas que son únicamente suyas.

- Aprender cómo potenciar sus fortalezas y aprovechar su potencial al máximo.

- Profundizar su autoconocimiento.

- Descubrir por qué interactúa fácilmente con algunas personas mientras que con otras siente que le desafían (y qué puede hacer al respecto).

Encontrará esta información en la guía *¡Celebra Quién Eres! – Estilo de Percepción llamado Ajustes!*

Este guía de acción va más allá de ayudarle a comprender su visión integral del mundo y su papel en él; está repleta de consejos prácticos y ejercicios sobre su Estilo de Percepción para ayudarle a convertir la información en algo REAL para usted.

Esta guía de acción es una versión impresa de los resultados en línca que recibirá al realizar la Evaluación del Estilo de Percepción™.

Proporciona una revisión detallada de las principales fortalezas específicas al Estilo de Percepción llamado Ajustes, según lo define la **Teoría del Estilo de Percepción™.**.

---

*Si aún no ha completado la Evaluación del Estilo de Percepción,
por favor hágalo antes de comprar este libro.

Visite https://thepowerofyourperception.com/portada

Obtenga más información acerca de la teoría sobre los Estilos de Percepción™ en nuestro libro.

Disponible en Amazon.

Dedicado a
homenajear como usted es

y a nuestras familias y amistades
que celebran con nosotros

Tabla de Contenido

¡Bienvenido!   1

Introducción   2

Ajustes - Experiencia Perceptiva   4

Adaptabilidad: 9
su respuesta a los cambios

Colaboración: 13
trabajo en equipo y cooperación

Comunicación: 17
hablar, escribir y escuchar

Conflicto: 21
cómo lidiar con la oposición y el desacuerdo

Liderazgo: 25
inspirar y guiar a otros

Aprendizaje: 29
adquisición de nuevos conocimientos y habilidades

Persuasión: 33
convencer a los demás

Automotivación: 36
crear un incentivo personal para la acción

Interacción Social: 40
entornos y situaciones preferidas

Orientación del Tiempo: 43
perspectiva sobre el pasado, presente y futuro

Aspectos destacados de cada uno de los seis Estilos de Percepción   46

Interacción entre Estilos de Percepción   50

¡Comencemos la Celebración!   55

    Primer Paso: Comprensión   56

    Segundo Paso: Aceptación   56

    Tercer Paso: ¡Celebración!   58

Sobre los Autores   60

¡Bienvenido!

La vida es demasiado corta para no disfrutarla plenamente.

Probablemente existan personas haciendo fila para decirle lo que debe hacer mejor y que si solo se esforzara más, pudiera mejorar y encontrar el éxito y la felicidad. Aunque es cierto que hacer su mejor esfuerzo y esforzarse por mejorar son metas admirables, el truco es asegurarse que se está enfocado en sus habilidades y talentos naturales ... no en los de otra persona.

Entonces, ¿cómo sabe cuáles son sus habilidades y talentos naturales?

La respuesta a esta pregunta es la base de nuestro trabajo y el catalizador de más de 40 años de investigación y desarrollo de programas para personas como usted. **El objetivo principal de esta guía de acción y de todos nuestros programas, es ayudarlo a identificar y usar sus habilidades y talentos naturales.**

El primer paso es entender cómo encaja en el mundo, cómo percibe el mundo que lo rodea y cómo esa percepción influye en sus acciones. El propósito de *¡Celebra Quién Eres!* es ayudarlo a explorar y reclamar los aspectos únicos de su percepción. A medida que lo haga, sus habilidades y potencial innato se expandirá. Sus habilidades innatas y su potencial se expandirán y fortalecerán a medida que reclame el Poder de su Percepción™.

Esta guía de acción está organizada en secciones que proporcionan información sobre aspectos específicos de la forma en que usted ve el mundo, seguidas de preguntas diseñadas para ayudarle a aplicar estos conocimientos. Una vez que comience a leer, es posible que desec apresurarse hasta el final: hay mucha información excelente. Le recomendamos que **se tome el tiempo para reflexionar sobre cada sección** y considerar las preguntas presentadas: su experiencia será más personal y significativa.

Estamos muy contentos de que haya elegido emprender este viaje con nosotros. Aprenderá cosas nuevas sobre usted mismo, validará cosas que innatamente sabe que son verdaderas y se sentirá verdaderamente contento al confirmar quién es y cuál es realmente su potencial.

¡Saludamos su éxito!

Lynda-Ross y Gary

Introducción

Su viaje para reclamar sus habilidades y darse cuenta plenamente del poder que su percepción aporta a sus habilidades y talentos naturales comienza con *¡Celebra Quién Eres!* – un proceso de descubrimiento enfocado en ayudarle a comprender su visión integral del mundo y su parte en él:

- entender aquello que verdaderamente hace bien,

- ser reconocido y apreciado por lo que es, y

- sentirse confiado con su expresión personal de sus habilidades naturales.

La clave para entenderse a sí mismo es entender su **Estilo de Percepción™ (Perceptual Style™).**

El Estilo de Percepción, es la forma en que toma la información a través de sus cinco sentidos y la hace significativa para usted.

Su Estilo de Percepción actúa como un filtro entre la sensación y la comprensión. Está en el centro de quién usted es, e impacta sus valores, creencias, sentimientos y psicología.

Usted posee uno de los seis distintivos Estilos de Percepción. Las decisiones que toma, las acciones que toma y las direcciones que elige están influenciadas por su Estilo de Percepción, porque este define la realidad para usted.

Su Estilo de Percepción es
Ajustes

Antes de revisar los detalles de su Estilo de Percepción

La evaluación de Estilo de Percepción que completó mide cuál de los seis Estilos de Percepción, describe la forma en que ve el mundo.

En las siguientes secciones de esta guía de acción, descubrirá la profundidad y riqueza de su Estilo de Percepción.

Encontrará una descripción general sobre la experiencia perceptiva de personas con quien comparte su estilo, al igual que detalles sobre las fortalezas y comportamientos específicos en diez habilidades críticas de la vida.

Recuerde que su Estilo de Percepción, no es solo un pasatiempo entretenido basado en conceptos psicológicos, sino una parte fundamental de quién usted es. Las decisiones y acciones que toma, al igual que las direcciones que elige, están influenciadas por su Estilo de Percepción. Su Estilo de Percepción define su realidad.

Su Estilo de Percepción es la base de todas sus fortalezas naturales, las habilidades con las que tiene el potencial de sobresalir verdaderamente con gracia y facilidad, debido a la forma en que ve y experimenta el mundo que lo rodea.

A medida que lea sobre cómo su Estilo de Percepción da forma a su enfoque en diversos aspectos de su vida, identificará las cosas que hace tan fácilmente que asume que todos tendrán la misma facilidad, pero ese no es el caso. ¡Son fortalezas características de su Estilo de Percepción!

También identificará habilidades que le parezcan nuevas. Estas son habilidades para las cuales tiene una capacidad innata debido a su Estilo de Percepción. Sin embargo, es posible que aún no haya tenido una razón para usarlas.

Encontrará que gran parte de la descripción del Estilo de Percepción, se adapta a usted cómodamente y validará su experiencia perceptiva.

Es importante tener en cuenta que es posible que no se relacione con todos los aspectos de su Estilo de Percepción, pero sabrá que es el suyo cuando el 80% o más de los detalles encajen.

A medida que lea esta guía de acción, esperamos que gane orgullo y confianza en las habilidades que puede reclamar fácilmente como suyas e identifique otras que le brinden nuevas posibilidades.

¡Comencemos!

Ajustes - Experiencia Perceptiva

Cada uno de los seis Estilos de Percepción entiende y experimenta el mundo de maneras fundamentalmente diferentes. Para entenderse a sí mismo, usted debe entender la naturaleza de su experiencia.

Con el Estilo de Percepción llamado Ajustes, usted percibe el mundo como una realidad objetiva.

Es un observador perspicaz y reflexivo. Cree que el mundo puede conocerse si se le da tiempo para recopilar información completa sobre sus complicaciones y complejidad.

Le impulsa la necesidad de adquirir la información y el conocimiento que conlleva.

En todos los aspectos de su vida, considera que la acción apresurada es una acción sin pensar que causa daños irreparables, caos y desorden. Como resultado, se asegura que sus acciones sean deliberadas y cuidadosas.

Cree que el orden inherente se revelará cuando comprenda completamente una situación y la acción correcta se haga evidente. Demasiadas veces ha visto a personas actuar basándose en información parcial porque no tienen la paciencia y la fe para esperar a recibir la información completa.

Obtiene gran satisfacción al ser un recurso de información para otros y para sí mismo. Es bueno explicando y describiendo información compleja, detallada o técnica.

Su minuciosidad, paciencia con tareas repetitivas y deseo de perfección le permiten detectar dónde falta información o es confusa.

Refina y perfecciona activamente sus conocimientos, sistemas y procesos para aumentar su elegancia y precisión.

Está en su mejor momento cuando le dan el tiempo para hacer las cosas con cuidado y de manera sistemática.

La presión del tiempo, la competencia y el afán por los resultados violan su visión del mundo. Considera que estas condiciones conducen a una falsa sensación de urgencia y a acciones impulsivas basadas en una comprensión incompleta.

Le intriga la exploración de ideas cuando está caracterizada por un análisis cuidadoso y completo que conduce a un cambio evolutivo.

Debido a que a menudo guarda silencio en entornos sociales y responde brevemente a las preguntas iniciales, quienes le rodean pueden asumir erróneamente que no tiene nada que decir. La verdad es que experimenta el mundo de una manera extraordinariamente rica y compleja y tiene mucho que ofrecer cuando los demás están dispuestos a escuchar.

Con el tiempo, ha descubierto que muchas personas no tienen la paciencia para escuchar la minuciosidad de lo que tiene que decir, por lo que inicialmente se reserva hasta que determina la receptividad de su audiencia.

Encuentra fascinantes los intercambios rápidos y constantes, pero a menudo está dispuesto a seguir esas discusiones y a escuchar lo que se dice en lugar de participar.

Sabe que la preparación y la práctica son las claves para un comportamiento adecuado, y mentalmente recorre posibles escenarios mientras recopila información.

Es un diplomático hábil cuyo conocimiento completo y minucioso de las situaciones le brinda la capacidad de ver los problemas desde todos los lados.

También es un mediador natural. Gana el respeto de las partes contendientes al demostrar imparcialidad y dar forma final a los acuerdos al establecer términos que detallen clara y inequívocamente los puntos más relevantes.

Su Estilo de Percepción llamado Ajustes es la razón por la cual usted:

- acepta la complejidad del mundo.

- es un comunicador cuidadoso y competente que utiliza eficazmente el matiz, el ingenio irónico y la precisión en el lenguaje.

- tiene un fuerte sentido de la diplomacia y proyecta seguridad y certeza.

- explora las diversas posibilidades que presenta la información nueva.

- desarrolla y depende de información objetiva y verificable.

- determina qué información conservar y cómo almacenarla para su uso posterior.

- trabaja con una gran variedad y cantidad de información sin perder de vista los elementos.

- se siente cómodo con grandes cantidades de datos cuantitativos: compilación, interpretación y presentación.

- aclara e integra las relaciones entre las ideas.

- se frustra con la simplificación excesiva y la literalidad.

- toma decisiones con un propósito y con intención.

- prefiere tareas específicas, estructuradas y complejas.

- reformula, repiensa y redacta de nuevo para afinar.

- es preciso y perfeccionista en su atención al detalle.

- disfruta aclarando material difícil para otros.

- valora la información numérica en la toma de decisiones y la planificación.

- comprende el efecto dominó de cambiar pequeños detalles.

- predice con precisión el impacto del cambio.

- realiza tareas repetitivas con precisión y exactitud.

- ensambla datos en una forma utilizable por otros.

- revisa, edita, reformula y revisa trabajos escritos.

- prefiere hacer un examen completo de la información disponible antes de sacar conclusiones.

- organiza tareas ajustando las piezas de un proceso complejo para formar un conjunto que funcione sin problemas.

Reflexión sobre la Experiencia Perceptiva

No es inusual reaccionar a la introducción inicial de su **Estilo de Percepción** con sentimientos de orgullo ("sí, lo hago bien"), un sentido de validación ("ahora que lo mencionas, ¡lo hago!") y algunas sorpresas ("¿en serio?").

A continuación, presentamos algunos ejemplos que lo ayudarán a reconocer cómo se refleja su Estilo de Percepción llamado Ajustes en las cosas que hace.

- Considere la forma en que recopila y almacena información para su uso personal. ¿Qué sistemas ha creado o utilizado con este propósito?

- Observa la insensatez en la expresión "lo suficientemente bueno para trabajo de gobierno". ¿Cuáles de las habilidades mencionadas en la sección titulada *Experiencia Perceptiva* contribuyen a su capacidad para desentrañar soluciones simplistas?

- ¿Qué habilidades enumeradas en la sección titulada *Experiencia Perceptiva* utiliza a diario?

Adaptabilidad:
su respuesta a los cambios

El cambio es constante; es parte de su vida cotidiana. Hay cambios en el clima, la economía, las relaciones, las situaciones laborales, etc. El solo vivir cada día y envejecer trae cambios.

Algunos cambios son sorpresas, algunos cambios usted inicia, y algunos cambios simplemente parecen inevitables.

Es por eso que la adaptabilidad es una habilidad crítica para la vida.

La adaptabilidad se define, como la capacidad de adaptarse a nuevas condiciones o circunstancias. El aprovechar sus fortalezas relacionadas con su adaptabilidad, puede significar la diferencia entre la preocupación excesiva y el estrés frente a lidiar con los cambios en sus términos.

No existe una sola forma de ser adaptable. La verdadera clave de la adaptabilidad es saber qué es cómodo para uno mismo y cómo establecer ese nivel de confort con los cambios en su vida.

Las habilidades naturales que apoyan su adaptabilidad son esenciales para ayudarlo a comprender sus reacciones y niveles de tolerancia para cosas como:

- planificación

- toma de decisiones

- entornos caóticos

- estructura

- ambigüedad

- espontaneidad

- resolución de problemas

El adoptar sus habilidades de adaptabilidad, lo ayudará a elegir entornos de trabajo, relaciones y situaciones sociales donde prosperará y evitará aquellos que lo arrastrarán hacia abajo.

Con el Estilo de Percepción llamado Ajustes, usted reconoce la inevitabilidad del cambio.

Preferiría abordar el cambio de manera incremental, avanzando a través de pasos bien definidos hacia un objetivo claramente definido.

Acepta la necesidad de, y participa activamente en, ajustes periódicos.

No está de acuerdo con la implementación a gran escala de cambios porque piensa que generalmente resultan en una interrupción innecesaria.

Sabe que cambiar incluso los detalles menores puede tener efectos dramáticos y un impacto significativo.

Se siente incómodo con cambios abruptos que no están bien pensados o donde la necesidad no está respaldada por un análisis o evaluación exhaustiva.

Considera que el cambio por el simple hecho de la novedad es una violación alarmante del comportamiento prudente.

Aunque desconfía del cambio a gran escala o basado en caprichos, tiene la posibilidad de introducir el cambio de la manera menos disruptiva posible.

Adaptabilidad:

Su **Estilo de Percepción** llamado **Ajustes** es la razón por la cual usted:

- utiliza su sensibilidad al impacto del cambio para crear planes de afrontamiento efectivos.

- puede describir, cuando se le pregunta, cómo un cambio alterará las realidades actuales.

- reconoce la inevitabilidad del cambio y se ajusta a él.

- comprende el efecto en cadena de cambiar pequeños detalles.

- se siente incómodo con cambios abruptos en la rutina.

- utiliza estructura y rutina para que la transición del cambio sea cómoda y aceptable.

Reflexión sobre la Adaptabilidad

A continuación, presentamos algunos ejemplos que lo ayudarán a reconocer cómo se refleja su Estilo de Percepción *llamado* Ajustes *en sus habilidades de adaptabilidad:*

- Describa una situación reciente en la que ha iniciado un cambio.

- ¿Cómo convenció a otros de la razón del cambio?

- Describa un cambio que le causó incomodidad porque desafió una creencia o valor fundamental.

- ¿Qué atributos y habilidades enumerados en la sección titulada Adaptabilidad, utiliza para adaptarse a los cambios que le han impuesto otros?

Colaboración:
trabajo en equipo y cooperación

Interactuar en cooperación con otros, es una parte fundamental de la vida, y es un ingrediente crítico para las familias, amistades, actividades escolares y los entornos laborales y sociales. Prácticamente todos los aspectos de su vida son una oportunidad para la colaboración.

Muchos estudios en psicología y sociología demuestran la realidad que los seres humanos se marchitan en aislamiento y prosperan en comunidad. El dicho: "Ningún hombre es una isla", es cierto. Solos flaqueamos; juntos, podemos ver y lograr mucho más.

Como seres humanos, estamos programados para buscar comunidad, conectarnos con otros seres humanos y pertenecer. Sentirse conectado con los demás mejora nuestra salud física y bienestar mental y emocional.

La colaboración es el núcleo de la participación en la comunidad, ya sea que esa comunidad sea su familia, lugar de trabajo, amistades u otros grupos de personas.

Sin embargo, la colaboración puede ser muy desafiante porque debemos tratar con personas que ven las cosas de manera diferente a nosotros y que poseen diferentes habilidades y debilidades.

Con el **Estilo de Percepción** llamado **Ajustes**, usted es un miembro de equipo eficaz y productivo. Se siente satisfecho enfocándose en sus asignaciones en los esfuerzos del equipo y lo hace de manera exhaustiva y con eficiencia tranquila.

Encuentra que la cooperación como parte de la colaboración y la eficiencia adicional lograda a través de una división de tareas basada en la competencia es un enfoque sensato para lograr las cosas.

Proporciona a otro acceso a fuentes de conocimiento que mejorarán su valor para el grupo.

Con su sentido natural de la diplomacia, trabaja hábilmente a través de problemas que surgen entre los miembros del grupo para mejorar la cooperación.

Realiza un seguimiento y supervisión del flujo de procesos utilizados para respaldar la colaboración, descubre procesos innecesarios, redundantes o ineficientes, y mejora los procedimientos para aumentar la efectividad general.

Asume fácilmente un papel de mediador, utilizando su observación objetiva y su imparcialidad natural para ayudar a elegir soluciones a los problemas que enfrenta el grupo.

Es eficaz en entornos políticamente sensibles al estar consciente de protocolos, etiqueta y modales.

Es un recurso excelente cuando se requiere una investigación exhaustiva o cuando otros en el grupo necesitan que se les explique material complejo de manera clara y comprensible.

Si bien comprende fácilmente procesos complejos e intrincados, encuentra que la política interpersonal compleja dentro de un grupo es innecesaria, difícil de seguir y distrae.

Su **Estilo de Percepción** llamado **Ajustes** es la razón por la cual usted:

- se toma su tiempo para comprometerse con causas y acciones grupales, pero una vez comprometido, es poderoso, elocuente y un defensor respetado.

- busca comportarse de manera apropiada y correcta.

Colaboración:

- facilita la cooperación al transmitir de manera clara y justa las necesidades e intereses de una persona/grupo a otra.

- crea planes de manera enfocada y sistemática.

- ayuda a que los miembros del equipo se mantengan productivos al centrar su atención en la tarea en curso.

- organiza detalles y sigue el rendimiento hasta el final.

- hace un seguimiento y supervisa un conjunto grande, complejo y diverso de actividades interdependientes.

- bloquea sutilmente acciones grupales no deseadas utilizando una gran cantidad de información para confundir y complicar los asuntos.

- valora el trabajo en equipo sobre la competencia.

- es un apoyo comprensivo y no juzgador para los miembros del equipo que luchan con la complejidad.

- ayuda a otros a aceptar compromisos.

Reflexión sobre la Colaboración

A continuación, presentamos algunos ejemplos que lo ayudarán a reconocer cómo se refleja su Estilo de Percepción llamado Ajustes en sus habilidades de colaboración:

- Enumere los atributos descritos en la sección titulada *Colaboración* que reconoce en su propio comportamiento cuando forma parte de una comunidad o equipo.

- ¿Cuáles son las habilidades más fuertes que aporta a la colaboración y el trabajo en equipo?

- Describa una situación que demuestre su uso de estas habilidades.

.

Comunicación:
hablar, escribir y escuchar

L a comunicación es la acción fundamental que une o separa a las personas.

Todos queremos que nos entiendan. Por lo tanto, buscamos las palabras y el tono correctos para transmitir nuestro mensaje. A menudo no reconocemos que cada uno de nosotros tenemos nuestro propio filtro de comunicación y, debido a ese filtro, lo que queremos decir no siempre es lo que otros escuchan y viceversa.

Las desconexiones en la comunicación nos suceden a todos. No es una indicación que nosotros o las otras personas estemos cortos de inteligencia. Tampoco quiere decir que usted no este poniendo atención o tratando de establecer una conexión. La realidad es que las palabras que elige, el significado que pretende y los desencadenantes de eventos que escucha están influenciados por su Estilo de Percepción.

Las palabras son un código que ponemos en nuestros pensamientos e ideas con el fin de comunicar nuestra intención y significado a los demás. El código que usa a diario para hablar, escribir y escuchar depende en gran medida de cómo percibe el mundo.

En el centro de su comunicación está su **Estilo de Percepción** llamado **Ajustes**.

La forma en que percibe usted el mundo y le da significado está estrechamente relacionada con su estilo de percepción y cómo se expresa y escucha.

Usted es un comunicador cuidadoso y competente que emplea eficazmente el matiz, el refinamiento y la precisión en el lenguaje.

Habla de manera deliberada y reflexiva y comunica una apreciación ricamente matizada del tema en cuestión.

Aunque su comunicación es racional y sensata, con frecuencia utiliza sutilezas verbales para transmitir matices y doble sentido.

Experimenta un mundo extraordinariamente rico y complejo y tiene mucho que ofrecer cuando otros están dispuestos a escuchar y le dan el tiempo para expresarse.

Valora profundamente la estructura del uso del lenguaje y la gramática correcta.

El tono de su comunicación es formal y preciso, y utiliza vocabulario y estructuras de frases complejas.

Tiene habilidad con juegos de palabras, doble sentido y juegos de palabras en la comunicación oral.

Es un oyente paciente que capta con precisión lo que se dice.

Aunque sus respuestas inmediatas en la conversación pueden ser mínimas, posee una comprensión aguda tanto del significado literal como del simbólico de la comunicación de los demás.

Prefiere la comunicación escrita sobre el discurso hablado, ya que le brinda la oportunidad de pulir y perfeccionar sus palabras de una manera que la expresión oral no permite.

Su escritura está minuciosamente investigada, llena de contenido, compleja y extensa.

Su **Estilo de Percepción** llamado **Ajustes** es la razón por la cual usted:

- disfruta de la elaboración de presentaciones que informan de manera efectiva pero que parecen se hubieran hecho sin esfuerzo.

- representa los puntos de vista de otros para facilitar la comunicación.

- proporciona información de manera clara y paso a paso.

Comunicación:

- aprovecha las oportunidades para hablar, ya sea de manera formal, informal o social, para informar a los demás.

- lee los matices y las sutilezas de lo que dicen los demás.

- tiene un talento para ensamblar y escribir informes técnicos u otras presentaciones en medios.

- busca impartir perspicacia a otros sobre las interrelaciones y la complejidad del mundo que ve.

- disfruta profundamente el poder que se encuentra en las sutilezas de "encontrar la frase adecuada".

- se siente desanimado por las personas que hablan en generalizaciones amplias o utilizan gramática incorrecta.

- investiga y escribe a nivel académico.

- constantemente revisa, reconsidera y redacta comunicaciones en un intento de lograr la perfección

Reflexión sobre la Comunicación

A continuación, presentamos algunos ejemplos que lo ayudarán a reconocer cómo se refleja su Estilo de Percepción llamado Ajustes en sus habilidades de comunicación:

- Describa una situación reciente en la que eligió comunicarse por escrito en lugar de verbalmente. ¿Qué atributos y habilidades enumerados en la sección titulada *Comunicación* utilizó?

- Piense en algunos de sus libros o películas favoritas. Considere cómo se utiliza el lenguaje en cada uno. ¿Cuáles de los atributos enumerados en la sección titulada *Comunicación* contribuyen a su disfrute?

- Describa una situación en la que fue difícil escuchar. ¿Qué hizo que fuera así?

- ¿Quién le hizo recientemente un cumplido por ser un buen oyente? ¿Bajo que circunstancias ocurrió esto?

Conflicto:
cómo lidiar con la oposición
y el desacuerdo

Uno pensaría que los seres humanos, dada su necesidad de establecer comunidad, hubieran encontrado una solución al conflicto interpersonal hace muchos años.

Hubiera sido maravilloso, pero desafortunadamente el conflicto interpersonal es un resultado natural de la interacción humana. Las personas ven el mundo de manera diferente, tienen distintos valores y expectativas, y no siempre comparten los mismos objetivos o posibilidades.

Como seres humanos, todos deseamos pertenecer a algo, que se nos valore y que le agrademos a los otros. Si partimos de la suposición, que otras personas tienen buenas intenciones y no están tratando de irritarnos o insultarnos, es más fácil darnos cuenta que simplemente ellos no ven la situación de la misma manera que nosotros (lo más probable es que tengan un Estilo de Percepción diferente).

Al tener en cuenta este concepto, se suaviza el dolor de las desconexiones. No es personal; es una perspectiva diferente.

El tener conflicto en su vida es inevitable. Ya sea que los conflictos sean menores o graves, usted posee habilidades naturales para ayudarlo a lidiar eficazmente con la oposición y el desacuerdo.

Con el Estilo de Percepción llamado Ajustes, usted comprende que el conflicto es irracional y perturbador.

Usted cree que el conflicto es innecesario y ocurre porque las personas en disputa poseen un conocimiento insuficiente.

Está seguro de que el peso y el poder de una comprensión minuciosa harán que el argumento y el conflicto sean inútiles.

Cuando se enfrenta personalmente al conflicto, lo desvía con un humor simbólico sutil o responde con información detallada y compleja que abruma a la otra persona.

Prefiere desinflar los aspectos emocionales de un conflicto antes de abordar los problemas reales.

Dirige a las partes en conflicto hacia un acuerdo reuniendo información de ambos lados y presentando cada lado de manera que aumente la apreciación y la comprensión general.

No muestra favoritismos, se enfoca en la verdad tal como la conoce para mediar en el conflicto de manera justa y equitativa. Este enfoque lo convierte en un mediador excelente y sabio que descubre soluciones aceptables para todos y que crea y guía el proceso de implementación de las mismas.

Tiene habilidades para guiar pacientemente, con calma y sutileza, una situación de conflicto con razonamiento en lugar de emociones.

Su **Estilo de Percepción** llamado **Ajustes** es la razón por la cual usted:

- prefiere la cooperación en lugar de la competencia.

- cree que el conflicto es innecesario, destructivo e inmaduro.

- lleva el conflicto hacia la resolución enfocándose en la racionalidad.

- reduce la tensión en torno a temas sensibles al fomentar el diálogo.

- difunde conflictos entre otros a través de una actitud tranquila e imparcial

Conflicto:

- fomenta el trabajo en equipo en lugar de la competencia.

- ayuda a grupos e individuos a lidiar con el conflicto actuando como un mediador imparcial.

- se resiste a involucrarse en conflictos interpersonales.

Reflexión sobre el Conflicto

A continuación, presentamos algunos ejemplos que lo ayudarán a reconocer cómo se refleja su Estilo de Percepción llamado Ajustes en la forma en que se enfrenta al conflicto:

- Describa un conflicto entre otras personas en el que lo llamaron para mediar. ¿Cuál de las habilidades enumeradas en la sección titulada *Conflictos* usó?

- ¿Cuándo fue la última vez que intentó desviar un conflicto? ¿Cuál fue el resultado?

- Describa la última vez que se vio personalmente involucrado en un conflicto. ¿Cómo lo resolvió?

Liderazgo:
inspirar y guiar a otros

Básicamente, el Liderazgo se define como inspirar y guiar a un grupo de personas para lograr un objetivo común. En esencia, el liderazgo combina el arte y la ciencia para atraer seguidores, señalar una dirección y luego guiar e influir en sus seguidores para lograr los objetivos.

Muchos tratarán de convencerlo que existe una sola forma para ser un líder efectivo. O que, si usted no es una persona naturalmente extrovertida, autoritaria o visionaria, no podrá ser un líder efectivo. Simplemente esto no es cierto. El verdadero éxito de un líder ocurre de adentro hacia afuera - usando sus habilidades naturales para guiar e inspirar a otros a lograr grandes éxitos.

Todo el mundo tiene la capacidad de ser un líder eficaz, incluso excepcional. No existe un solo conjunto de rasgos o comportamientos que garanticen el éxito. Existe SU manera de ser un líder, basada en sus habilidades naturales.

Con el **Estilo de Percepción** llamado **Ajustes**, lidera de manera más efectiva a través de la observación objetiva y los datos en lugar de sumergirse en la lucha.

Es consciente de las complejidades del liderazgo y necesita la perspectiva que proporciona la supervisión a distancia para ver cómo encajan todos los detalles.

Su orientación de liderazgo es reflexiva y minuciosa, y lidera mejor cuando tiene tiempo para contemplar una situación y considerar todas las posibles vías y direcciones.

Lidera proporcionando a los demás claridad, explicación e iluminación de la realidad. Educa, describe y proporciona detalles para llevar a las personas a responder a esa realidad con cuidado y sabiduría.

Es paciente y no se apresura a tomar decisiones o emprender acciones hasta que todo y todos estén debidamente preparados. Sin embargo, una vez comprometido, es un defensor poderoso, elocuente y respetado que utiliza hábilmente la diplomacia para involucrar a otros en apoyo de su causa.

Recopila grandes cantidades de datos y hechos de múltiples fuentes y construye hábilmente un punto de vista completo y coherente que honra la complejidad de toda la información y la expresa de manera precisa. Este punto de vista se presenta como el único que tiene sentido prudente seguir.

Atrae seguidores con su manera tranquila y sin prisas, su investigación minuciosa y su dedicación a la sabiduría y la moderación.

Entra en la acción con reflexión, pero una vez comprometido, es un defensor poderoso, elocuente y respetado que los demás perciben como justo y equitativo.

Su **Estilo de Percepción** llamado **Ajustes** es la razón por la cual usted:

- establece y comunica objetivos de manera clara.

- desvía y pospone las demandas hasta asegurarse de que se haya absorbido la información esencial.

- se comporta de manera diplomática y proyecta un sentido de fortaleza tranquila.

- influye en los demás con paciencia y sutileza al transmitir una certeza tranquila.

- negocia acuerdos que respaldan el logro de objetivos racionales.

- gana el respeto de los detractores al demostrar un compromiso personal con la imparcialidad.

- reúne seguidores a través de su habilidad ya demostrada para establecer y mantener un entorno seguro, tranquilo, efectivo y estable.

- representa las necesidades de sus seguidores de manera clara y no evaluativa.

Liderazgo:

- mantiene a los seguidores informados sobre problemas y errores significativos, sus causas y las medidas tomadas para corregirlos.

- establece una jerarquía no burocrática en la que los seguidores comprenden su lugar y conocen el alcance de sus deberes, responsabilidades y autoridad.

- diseña contingencias para tener en cuenta posibles desviaciones en el proceso.

Reflexión sobre el Liderazgo

A continuación, presentamos algunos ejemplos que lo ayudarán a reconocer cómo se refleja su Estilo de Percepción llamado Ajustes en la forma como enfoca el Liderazgo:

- Enumere los atributos descritos en la sección titulada *Liderazgo* que reconoce en su propio comportamiento.

- ¿Cuáles son sus habilidades más fuertes de liderazgo?

- Describa una situación que demuestre su uso de estas habilidades.

Aprendizaje: adquisición de nuevos conocimientos y habilidades

El aprendizaje, cuando somos adultos es una experiencia completamente diferente a cuando somos niños. Específicamente el hecho que como adultos el proceso es mucho más autodirigido.

Como niño, uno aprende porque nuestros padres y maestros nos ordenan a hacerlo, y ellos califican y monitorean nuestro progreso.

Como adulto, es más probable que se dedique a estudiar por una razón particular, como el conocimiento y las habilidades relacionadas con su trabajo o autodesarrollo personal. Y es más probable que elija temas que tengan un impacto inmediato en su vida cotidiana o laboral.

Un aspecto del aprendizaje que no cambia con el tiempo es su preferencia por la forma cómo se le presente la información. Hay tres métodos generales de aprendizaje:

- Visual (imágenes, gráficos, palabra escrita),

- Auditivo (historias, canciones, discusiones), y

- Kinestésico (experiencial, actividades, juegos de rol).

Debido a su Estilo de Percepción, usted responde a los tres métodos de aprendizaje, pero prefiere una combinación única de estos para maximizar su conocimiento y crecimiento.

Con el Estilo de Percepción llamado Ajustes, experimenta un profundo interés por sistemas complejos y detallados, y su proceso de aprendizaje se ve favorecido cuando dispone del tiempo necesario para reflexionar y analizar detenidamente la información presentada.

Se siente frustrado por la cobertura superficial de temas y por ideas vagamente desarrolladas.

Su aprendizaje se desarrolla de manera óptima cuando investiga un tema por su cuenta, lo que le permite avanzar a su propio ritmo y profundizar en la investigación de manera exhaustiva.

Preferiría un enfoque metodológico y la construcción progresiva de conceptos e ideas para establecer una sólida base de conocimientos.

Siente la necesidad de comprender antes de actuar.

Se siente incómodo cuando se le presenta un enfoque de aprendizaje basado en la experiencia o en métodos no comprobados.

Experimenta frustración cuando se le imponen restricciones de tiempo que afectan su experiencia de aprendizaje.

Su Estilo de Percepción llamado Ajustes es la razón por la cual usted:

- explora ideas, lenguaje, conocimientos, comprensión e información.

- clarifica e integra las relaciones entre ideas.

- prefiere las presentaciones sistemáticas.

- recolecta los detalles.

- reflexiona sobre todos los aspectos de una situación.

Aprendizaje:

- investiga a fondo un conjunto de conocimientos.

- prefiere enfoques de aprendizaje que no sean interactivos.

Reflexión sobre el Aprendizaje

A continuación, presentamos algunos ejemplos que lo ayudarán a reconocer cómo se refleja su Estilo de Percepción llamado Ajustes en la forma como enfoca el aprendizaje:

- Identifique algo que recientemente se propuso a aprender ¿Cómo implementó el proceso de aprendizaje?

- Describa la experiencia de aprendizaje formal más agradable que haya tenido.

- ¿Cómo se comparan estas dos experiencias de aprendizaje que acaba de describir? ¿Qué habilidades enumeradas en la sección titulada *Aprendizaje* usó en cada una?

Persuasión:
convencer a los demás

La persuasión es el acto de convencer a otros que estén de acuerdo con su punto de vista, adopten una perspectiva particular o tomen un curso de acción que usted sugiera. Es el proceso de presentar información y razones que motivan o cambian el pensamiento de otra persona.

La retórica—el arte de la persuasión—ha sido estudiada y discutida durante miles de años por personas como Platón y Aristóteles, entre muchos otros. A Aristóteles se le atribuye generalmente la creación de los pilares fundamentales de la retórica en su tratado *Retórica*, publicado alrededor del año 330 AEC.

Con toda esa historia, es inevitable que ambas palabras, "retórica" y "persuasión", tengan connotaciones positivas y negativas. Al igual que la palabra "ventas", pensamos en la persuasión como positiva cuando las intenciones y los resultados son positivos para ambas partes y negativos cuando las intenciones son manipuladoras y los resultados no son del mejor interés de la otra persona.

En esta sección, nuestro enfoque será específicamente relacionado en las habilidades positivas y esenciales relacionadas con la persuasión. Estas habilidades le ayudan a interactuar de manera efectiva con otros en casa y en el trabajo. ¡Imagínese cómo sería planificar unas vacaciones familiares si no tuviera habilidades de persuasión!

Con el **Estilo de Percepción** llamado **Ajustes**, usted experimenta la persuasión como una conversación en la que pacientemente explica la superioridad de su punto de vista.

Evita sobrecargar a los demás con información, pero evoca acuerdo con una presentación medida y persistente.

Usted cree que la resistencia solo ocurre cuando ha presentado información inadecuada o cuando la otra persona es incapaz de procesar la información que ha proporcionado.

Intenta superar la resistencia proporcionando más información.

Cree que la persuasión se basa en decisiones racionales, no en emociones.

Considera que es la credibilidad personal y la integridad de su enfoque basado en la información, en lugar de su capacidad de persuasión personal, lo que resulta exitoso.

Su Estilo de Percepción llamado Ajuste es la razón por la cual usted:

- reúne información a través de una entrevista planificada utilizando preguntas cuidadosamente preparadas.

- explica pacientemente los detalles.

- hace un resumen para asegurarse de que todos los participantes se entiendan mutuamente.

- averigua lo que la persona ya sabe.

- establece acuerdos entre usted y otros que enumeren las expectativas mutuas y las acciones prometidas.

- permanece imperturbable cuando se enfrenta a puntos de vista opuestos.

- contraataca las objeciones con información adicional que supere las objeciones.

- presenta información de una manera que otros puedan recibir.

Reflexión sobre la Persuasión

A continuación, presentamos algunos ejemplos que lo ayudarán a reconocer cómo se refleja su Estilo de Percepción *llamado* Ajustes *en la forma como enfoca la persuasión:*

- Describa una interacción reciente en la que persuadió, convenció o le vendió algo a otra persona. ¿Qué habilidades enumeradas en la sección titulada *Persuasión* usó?

- Describa una situación en la que tuvo que lidiar con alguien que tomaba decisiones basadas en emociones. ¿Cómo respondió?

Automotivación: crear un incentivo personal para la acción

En su forma más simple, la automotivación es la capacidad de convencerse a hacer algo. Desarrollar entusiasmo personal e inspiración para tomar acción.

La automotivación es el catalizador de las metas que establece para sí mismo. Ella desarrolla su deseo de lograr sus metas, establece su compromiso con la acción y le ayuda a superar su miedo a lo desconocido o al fracaso.

La automotivación es una habilidad crítica porque le mantiene poniendo un pie delante del otro cada día de su vida.

Hay cosas que usted quiere hacer dependiendo del nivel de satisfacción que espera recibir cuando las haga. Divertirse es un gran ejemplo.

Y hay cosas que debe hacer para lograr algo tangible como el dinero u otras cosas, o intangible como el control o el estatus. Ir a trabajar es un buen ejemplo.

La automotivación es lo que le impulsa a la acción tanto por lo que quiere hacer como por lo que necesita hacer.

Con el **Estilo de Percepción** llamado **Ajustes**, está motivado por la oportunidad de adquirir conocimientos para usted y proporcionar conocimientos a los demás.

Está impulsado a comprender el mundo observable tan a fondo como sea posible y cree que esto se puede lograr si se le da el tiempo para estudiar, examinar y explorar.

Automotivación:

Desea ser conocedor y cree que otros quieren saber lo que usted sabe.

Las personas a las que percibe como ignorantes o que hablan, deciden o actúan sin sutileza y sin información completa lo desmotivan.

Se retira de entornos orientados a la presión o al resultado final o en presencia de personas apresuradas y urgentes.

Disfruta explorando la complejidad y el matiz de los temas que capturan su interés.

Las oportunidades de descubrimiento a través de una observación detallada y las personas que están seriamente interesadas en aprender de usted lo ayudan a revitalizar su interés en recopilar y compartir nuevos conocimientos.

Su **Estilo de Percepción** llamado **Ajustes** es la razón por la cual usted:

- se sumerge en el aprendizaje organizado y sistemático.

- crea bases de conocimiento para que otros las utilicen.

- desea que se le reconozca por su comprensión detallada de materias especializadas.

- construye modelos complejos para describir y analizar información.

- se retira cuando su experiencia es ignorada o desestimada.

- disfruta enseñando a otros y ayudándolos a entender información compleja.

- crea sistemas completos y sofisticados de almacenamiento y recuperación de información para la información que recopila.

- necesita que se valore y se incorpore su aporte en la toma de decisiones y la planificación.

- aprecia el proceso exhaustivo de investigación.

- busca soluciones completas a los problemas.

- disfruta de las estadísticas y el análisis.

- diseña procesos repetibles y confiables.

Reflexión sobre la Automotivación

A continuación, presentamos algunos ejemplos que lo ayudarán a reconocer cómo se refleja su Estilo de Percepción llamado Ajustes en la forma como enfoca la automotivación:

- Describa la última vez que estaba realmente entusiasmado por hacer algo.

- ¿Qué parte de la situación anticipó más?

- ¿Cuál fue el aspecto más agradable del evento en sí?

- ¿Cómo se correlaciona la experiencia que describió con los atributos y habilidades enumerados en la sección titulada *Automotivación*?

Interacción Social:
entornos y situaciones preferidas

La interacción social describe a dos o más personas que establecen conexión mediante conversación. Puede ser tan corto y directo como decir "Hola" a alguien en la línea de pago y recibir una respuesta del mismo modo, o también puede ser tan complejo como una reunión de las Naciones Unidas.

La ciencia ha demostrado que la interacción social es de vital importancia para su salud mental y física. Los estudios han señalado que las personas que tienen relaciones satisfactorias con los demás (familiares, amistades, compañeros de trabajo, etc.) son más felices y saludables, mientras que aquellas con ausencia de interacción social, tienen una vida más corta. ¡uyy!

La interacción social es obviamente esencial en su vida. Lo que también es interesante es que prosperará en algunas situaciones sociales y entornos, pero será miserable en otras debido a su Estilo de Percepción.

Con el **Estilo de Percepción** llamado **Ajustes**, usted aprecia entornos racionales, intrincados y seguros.

Encuentra placer en reuniones sociales que involucran a un número limitado de participantes, ya que permiten conversaciones significativas.

En reuniones más grandes, se siente cómodo observando las interacciones de los demás y espera pacientemente conversaciones que despierten su interés antes de participar directamente.

Es más productivo en entornos que fomentan la reflexión cuidadosa, la consideración ponderada y la exploración exhaustiva.

Interacción Social:

Prefiere entornos que funcionen sin problemas, requiriendo solo ajustes o refinamientos menores.

Se destaca en entornos ricos en información y valora el uso preciso y sutil de la comunicación simbólica, como el lenguaje, los números, las estadísticas o las fórmulas.

Los entornos caracterizados por restricciones de tiempo, expectativas ambiguas y un fuerte énfasis en el resultado final son fuentes de angustia y reducción de la productividad para usted.

Posee una conciencia natural de las normas sociales y los protocolos en situaciones sociales y hace un esfuerzo consciente por respetarlo.

Su **Estilo de Percepción** llamado **Ajustes** es la razón por la cual usted:

- se acomoda y adapta a los protocolos de eventos sociales.

- prefiere una mezcla de trabajo en solitario y trabajo con otros.

- experimenta incomodidad en situaciones altamente caóticas y aleatorias.

- disfruta de personas, proyectos y entornos intrincados y complejo.

- prefiere observar y discernir "el panorama" en nuevas situaciones sociales.

- se perturba por distracciones externas, presiones o plazos.

- funciona bien en situaciones que requieren el uso preciso del lenguaje o símbolos.

- prospera en entornos que apoyan el crecimiento personal a través de la adquisición de nuevos conocimientos.

- se retira de situaciones altamente emocionales para permitir tiempo para la reflexión.

- disfruta de pequeñas reuniones con amistades y familiares.

Reflexión sobre la Interacción Social

A continuación, presentamos algunos ejemplos que lo ayudarán a reconocer cómo se refleja su Estilo de Percepción *llamado* Ajustes *en la forma como enfoca la interacción social:*

- Haga una lista de algunas de las cosas que le gusta hacer.

- ¿De los atributos descritos en la sección titulada *Interacción Social*, cuales son comunes dentro la lista que creó anteriormente?

- Describa una situación en la que se haya sentido constreñido por la presión en la cantidad de tiempo asignado para completar algo. ¿Qué hizo?

Orientación del Tiempo: perspectiva sobre el pasado, presente y futuro

La orientación del tiempo describe, cómo sus pensamientos, sentimientos y comportamientos, están influenciados por su perspectiva del tiempo.

La orientación del tiempo proporciona un marco para organizar sus experiencias en tres categorías: pasado, presente y futuro, y determinar el énfasis relativo que pone en cada una de estas categorías del tiempo.

Debido a su Estilo de Percepción, usted tiene una perspectiva específica sobre cómo se relaciona con el pasado, presente y futuro.

La orientación del tiempo es un factor importante en las diferencias de opinión entre usted y otras personas sobre lo que es importante. Esta no es obvia, pero influye profundamente en sus valores y sus decisiones sobre lo que debe ser atendido.

Inclinarse hacia una categoría del tiempo, no significa que esté atrapado allí. Es simplemente el marco de referencia con el que comienza.

Por ejemplo, algunos Estilos de Percepción se inclinan hacia el pasado (valoran las lecciones aprendidas, la experiencia y las tradiciones). Unos se inclinan hacia el presente (lo que está sucediendo ahora). Y otros se inclinan hacia el futuro (lo que debería suceder y lo que podría ser posible).

Con el Estilo de Percepción llamado Ajustes, usted se enfoca en el presente conocible.

Usted cree que es en el presente donde la información y el conocimiento existen en forma tangible y pueden ser estudiados, contemplados y analizados para revelar un mundo complejo y racional.

Usted considera que el pasado sirve como prólogo del presente y proporciona conocimientos vitales y lecciones que permiten una mayor comprensión de las realidades actuales.

Encuentra el presente interesante porque es fácil de comprender y definir.

Reconoce que el pasado condujo al presente, pero, en consecuencia, tiene menos importancia ya que ha pasado.

Sabe que el futuro aún no ha llegado y solo se puede contemplar de manera especulativa.

Usted cree que el futuro tiene demasiadas variables posibles para tener en cuenta.

Está dispuesto a esperar hasta que pueda ocuparse productivamente en algunas situaciones, a medida que se desarrollan, en lugar de perder tiempo explorando todas las posibilidades que quizás y tal vez nunca se materialicen.

Su **Estilo de Percepción** llamado **Ajustes** es la razón por la cual usted:

- se enfoca en los aspectos racionales de las realidades actuales.

- evita la especulación definitiva sobre resultados futuros.

- busca en el pasado una guía para comprender el presente.

- se siente cómodo describiendo la realidad actual y compleja.

- encuentra que la preocupación y la ansiedad sobre el futuro son improductivas e irracionales.

- acepta el presente con calma a medida que este se revela a través de una observación cuidadosa.

Reflexión sobre la Orientación del Tiempo

A continuación, presentamos algunos ejemplos que lo ayudarán a reconocer cómo se refleja su Estilo de Percepción llamado Ajustes en la forma como enfoca su Orientación del Tiempo:

- ¿Cómo responde cuando otros a su alrededor se preocupan por el futuro?

- ¿Qué habilidades de las descritas en la sección titulada *Orientación del Tiempo* contribuyen a su respuesta?

- Describa una situación en la que haya utilizado lecciones del pasado para trazar un rumbo para el presente.

Aspectos destacados de cada uno de los seis Estilos de Percepción

Ahora que ha descubierto más sobre su Estilo de Percepción, tomemos unos momentos para ver los seis Estilos de Percepción y cómo se relacionan entre sí.

Los seis Estilos de Percepción proporcionan experiencias claramente diferentes del mundo.

Estas diferencias, demuestran una profunda diversidad psicológica y perceptiva que es la diversidad más esencial que existe. Ayuda a explicar las diferencias en la forma que las personas piensan y actúan.

Los seis Estilos de Percepción describen la gama completa de la realidad perceptiva.

Todo el mundo tiene un Estilo de Percepción que es innato e inmutable. Su Estilo de Percepción está integrado en su ser y crece con usted a medida que se envejece y desarrolla.

Las experiencias a lo largo de su vida influyen en su expresión del Estilo de Percepción, pero no lo cambian.

Estudios científicos confirman que los seis Estilos de Percepción se distribuyen uniformemente en la población general, y no hay diferencia con respecto al género, raza o cultura.

Los seis Estilos de Percepción tienen fortalezas y desafíos únicos. Veamos algunos aspectos destacados de cada estilo:

- **Actividad** – Las personas con el **Estilo de Percepción** llamado **Actividad** se lanzan a la vida de cuerpo entero. Se involucran plenamente con la confianza de que los detalles se resolverán por sí mismos.

  La dirección, ideas y actividades surgen como resultado de la acción constante y la participación con los demás y su entorno.

  Permanecen involucrados hasta que surge alguna nueva posibilidad o interés que capte su atención.

  Cultivan extensas redes de amigos y asociados.

  Comparten sus experiencias usando muchas historias, anécdotas y ejemplos.

- **Ajustes** – Las personas con el **Estilo de Percepción** llamado **Ajustes** ven el mundo como una realidad objetiva que se puede conocer si se toman el tiempo para recopilar información completa sobre sus complejidades y complicaciones.

  Se dedican a la adquisición y aplicación de conocimientos como base para su experiencia de vida.

  Disfrutan compartiendo sus conocimientos con otros y obteniendo nueva información de investigaciones o conversaciones.

  Ven una realidad objetiva, incluyendo complejidad y los efectos dominó.

  Son comunicadores cuidadosos y competentes que utilizan eficazmente los matices, el ingenio irónico y la precisión en el lenguaje.

  Tienen un fuerte sentido de la diplomacia y proyectan una certeza tranquilizante.

- **Fluido** – Las personas con el **Estilo de Percepción** llamado **Fluido** ven un mundo ricamente texturizado donde las piezas encajan y apoyan y dependen unas de otras.

Ven la compleja conectividad, aparentemente no relacionada, entre personas, entornos y situaciones.

Desarrollan y mantienen relaciones con gente poderosa a quien tratan con un toque personal para crear y mantener unidas comunidades de familia, amistades, compañeros de trabajo, organizaciones, etc.

Valoran la historia y la tradición y honran la continuidad entre el pasado, el presente y el futuro.

Se conectan fácilmente con otros resaltando los puntos en común y compartiendo ideas.

Confían en el flujo continuo de experiencias y creen que lo que es importante y necesario surgirá tarde o temprano.

- **Metas** – Las personas con el **Estilo de Percepción** de llamado **Metas** ven un mundo en el que las posibilidades se combinan con hechos para crear objetivos que alcanzar, problemas por resolver y ventajas a aprovechar.

  Poseen un sentido de urgencia y claridad de propósito.

  Se pasan la vida enfocados en el logro de resultados específicos y objetivos bien definidos.

  Evalúan todas las actividades basándose en su posible contribución hacia el logro del resultado esperado.

  Son comunicadores fuertes y seguros que hablan con claridad y fuerza de opinión.

  Son decisivos y expertos en mantener estructura en situaciones caóticas.

- **Métodos** – Las personas con el **Estilo de Percepción** llamado **Métodos** perciben un mundo sensible, lógico y fáctico, y su enfoque es racional y práctico.

Se enfocan en cómo se deben hacer las cosas y disciernen la mejor forma de hacerlo.

Saben que incluso la tarea más compleja siempre se puede dividir en una secuencia de pasos simples.

Creen que los hechos, cuando se presentan adecuadamente, hablarán por sí mismos.

Toman a las personas tal cual parezcan. Dicen lo que quieren decir y quieren decir lo que dicen y esperan que otros hagan lo mismo.

Su capacidad para ver la estructura e imponer el orden les permite ayudar a otros a funcionar frente al caos y la incertidumbre.

• **Visión** – Las personas con el **Estilo de Percepción** llamado **Visión** perciben el mundo como un lugar de infinitas posibilidades, lleno de opciones y oportunidades.

Buscan oportunidades donde puedan tener un impacto, marcar la diferencia y dejar su huella.

Se enfrentan a las realidades de una situación con serias intenciones, una perspectiva optimista que se encontrará una solución y la confianza en que siempre existe otras alternativas por explorar.

Dependen de su intuición y toman decisiones rápidamente basándose en la información disponible.

Funcionan bien con información incompleta y parcial y no necesitan todos los detalles para establecer un curso y participar en la acción.

Son altamente persuasivos y fácilmente convencen e inspiran a otros a unirse a ellos.

Interacción entre Estilos de Percepción

¿Alguna vez ha escuchado a alguien decir: "Los opuestos se atraen" o "Los pájaros de una bandada de plumas se agrupan"?

Definitivamente hay algo de verdad en ambos dichos.

Pero también es cierto que los opuestos se repelen, y los pájaros de un mismo plumaje se aburren entre sí.

El Estilo de Percepción ayuda a explicar dinámicas interpersonales como la atracción y la aversión.

Lo que ve es real para usted, pero lo que otros ven es real para ellos. Todos usamos el filtro de la percepción para darnos sentido a nosotros mismos.

Existe una relación teórica bien definida entre los seis Estilos de Percepción.

Si pensamos en la realidad perceptiva como un gran círculo, entonces cada Estilo de Percepción tiene su propia "porción del pastel", como se muestra en la tabla a continuación.

Relación entre Estilos de Percepción

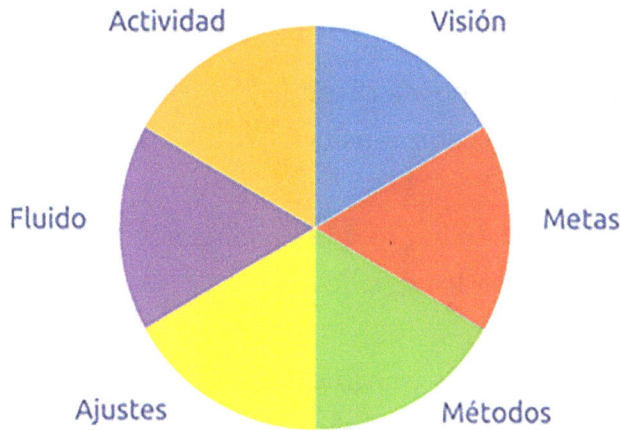

Notas del gráfico circular:

- No hay parte superior o inferior en el gráfico, puede girarlo de la manera que desee, pero los estilos siempre permanecen en las mismas relaciones.

- Los colores no tienen ningún significado, aparte de hacer que el gráfico se vea bonito.

Cada Estilo de Percepción tiene un Opuesto directo, dos Vecinos (uno a cada lado) y dos Saltando Uno (ni un Vecino ni un Opuesto). Aunque los seis son psicológicamente únicos, cada Estilo de Percepción comparte algunas similitudes con los estilos vecinos.

Cada estilo también es atraído y repelido por su estilo opuesto, y cada uno encuentra los estilos en que hay que saltarse uno para tocarlo algo desconcertantes.

Entonces, ¿Qué le significa esto cuando interactúa con otras personas?

Como era de esperar, su Estilo de Percepción llamado Ajustes es el núcleo de su experiencia con los demás.

A continuación, algunos aspectos destacados de lo que puede esperar cuando está interactuando con cada Estilo de Percepción:

- **Ajustes** con **Actividad** (Saltando Uno) – Usted se sentirá atraído por su curiosidad, energía y sentido del humor.

  Ellos se sentirán atraídos por su disposición a escuchar sus historias, su hábil uso del lenguaje y su rápida comprensión de los matices.

  Usted se sentirá frustrado por lo que percibe como su inconstancia, falta de meticulosidad y desdén por los detalles.

  Ellos se sentirán frustrados por lo que perciben como su renuencia a avanzar porque sigue perfeccionando y puliendo, y se enfoca en detalles innecesarios.

- **Ajustes** con **Fluido** (Vecinos) – Usted se sentirá atraído por su sutileza, comprensión compleja de la comunidad y naturaleza continuamente solidaria.

  Ellos se sentirán atraídos por su entendimiento de las complejidades, su conocimiento exhaustivo y su comportamiento tranquilo.

  Se sentirá frustrado por lo que percibirá como su orientación hacia las personas en lugar de los sistemas, su dependencia de las emociones en lugar de la racionalidad y su excesivo enfoque en el pasado.

  Ellos se sentirán frustrados por lo que perciben como su enfoque en sistemas en lugar de personas, su valoración de la información sobre las emociones y su actitud condescendiente al compartir información.

- **Ajustes** con **Metas** (Saltando Uno) – Se sentirá atraído por su capacidad para tomar juicios y opiniones instantáneas, trabajar bien bajo presión temporal y proporcionar una dirección clara.

  Ellos se sentirán atraídos por su capacidad para comprender y trabajar con complejidad y por su enfoque sistemático

  Usted se sentirá frustrado por lo que percibe como su necesidad de soluciones simplistas para problemas complejos, su intolerancia hacia la sutileza y la ambigüedad, y su constante competitividad

Ellos se sentirán frustrados por lo que perciben como su reluctancia a avanzar y dar por terminadas las cosas, su preocupación por detalles innecesarios y su preferencia por la cooperación sobre la competencia.

- **Ajustes** con **Métodos** (Vecinos) – Usted se sentirá atraído por su capacidad para evaluar crítica y racionalmente cursos alternativos de acción, su habilidad para abordar la vida de manera ordenada, estructurada y razonable, y su enfoque en los hechos de una situación.

Ellos se sentirán atraídos por su atención precisa y perfeccionista a los detalles, su capacidad para reconocer cuando la información está incompleta y su deseo de considerar todos los aspectos de un problema.

Usted se sentirá frustrado por lo que percibe como su aversión a modificar planes establecidos, sus enfoques simplistas para problemas complejos y su uso de hechos sin un contexto completo.

Ellos se sentirán frustrados por lo que perciben como su necesidad de complicar lo simple, su actitud condescendiente y su constante perfeccionamiento de procesos establecidos.

- **Ajustes** con **Visión** (Opuestos) – Usted se sentirá atraído por su capacidad para tomar decisiones rápidas, comprender fácilmente la cuestión fundamental y su autoconfianza

Ellos se sentirán atraídos por su diplomacia, conocimiento basado en hechos y confiabilidad.

Usted se sentirá frustrado por lo que percibe como su tendencia a tomar decisiones y actuar sin información completa, su aburrimiento con los detalles importantes y su tendencia a tomar riesgos insensatos.

Ellos se sentirán frustrados por lo que perciben como su renuencia a aceptar el cambio, su falta de sentido de urgencia y su aversión a especular sobre futuras posibilidades.

- **Ajustes** con **Ajustes** (Espíritu Afín) – Experimentará usted un vínculo casi instantáneo a medida que se relacione rápidamente sin necesidad de explicaciones.

  Se encontrará asintiendo en acuerdo e incluso terminando las frases del otro. ¡Puede ser una experiencia fascinante!

  El vínculo que experimentará con alguien que comparta el mismo Estilo de Percepción puede ser tan sólido que las diferencias entre ustedes tardarán más en reconocerse.

  Pero en algún momento, se sentirá frustrado y sorprendido cuando las diferencias amenacen la aparentemente sencilla conexión. Las experiencias individuales de vida crean las diferencias que cada uno de ustedes expresa en su Estilo de Percepción.

Todos somos amalgamas de nuestras experiencias de vida, Estilo de Percepción y específicos rasgos de personalidad.

La clave para entender las diferencias que usted encuentre con alguien que comparta su Estilo de Percepción es comprender que estas son expresiones individuales basadas en la experiencia de vida de cada uno y no son una traición personal.

Cuanto más se entienda a sí mismo, más entenderá sobre cómo y por qué se difiere de los demás. Se sentirá cómodo disfrutando de lo que hace mejor, aceptando a los demás por sus diferencias y valorando lo que esas diferencias contribuyen a su mundo.

¡Comencemos la Celebración!

Bueno, es hora de ir más allá del factor "y qué". Mejor dicho, "Todo esto es muy interesante, pero ¿y qué?"

Ir más allá del factor "y qué" es un desafío que requiere que usted haga más que simplemente leer la descripción de su Estilo de Percepción.

Aun cuando se hubiera identificado un 100% con las habilidades y comportamientos naturales de su Estilo de Percepción, si simplemente lo guarda en el archivo titulado "Lo volveré a ver algún día", no obtendrá el beneficio de usar y aumentar sus habilidades naturales.

Su Estilo de Percepción es más que un simple ejercicio intelectual e incorporar sus habilidades naturales en su vida requiere un poco de trabajo de su parte.

¡Su Estilo de Percepción es real!

Su Estilo de Percepción no es solo un concepto psicológico entretenido, sino una parte fundamental de lo que es.

Ya sea que esté consciente de ello o no, su Estilo de Percepción impacta su vida a diario.

Hasta ahora, es posible que haya pasado por su vida cotidiana con poca o ninguna conciencia de su Estilo de Percepción. El desafío está en utilizar activamente el nuevo conocimiento que ha adquirido para empezar a hacer más de lo que mejor sabe hacer.

Usar la información de esta guía de acción para comprender su Estilo de Percepción es solo el primer paso.

El segundo paso es aceptar su Estilo de Percepción como parte de lo que es.

El tercer paso es aceptar su Estilo de Percepción haciendo un esfuerzo consciente para explorar las diferentes formas en que se puede expresar en su vida y descubrir los matices sutiles de las ventajas que tiene gracias a sus habilidades naturales.

Veamos cada paso con un poco más de detalle.

Primer Paso: Comprensión

El primer paso para aceptar quién es requiere entender su Estilo de Percepción y cómo se adapta a usted.

Es posible que todo lo descrito en esta guía de acción no le aplique en un 100%.

Debido a experiencias a lo largo de su vida, hay cosas que lo diferencian de otros.

Esta guía de acción ha sido diseñada para ayudarle no solo a aprender sobre su Estilo de Percepción, sino también para ayudarle a descubrir aquellos aspectos de la forma cómo los expresa que hacen de usted, una persona única.

Tómese el tiempo necesario para completar los ejercicios de reflexión, incluidos al final de cada sección de esta guía de acción. Le ayudarán a identificar su forma de expresar su Estilo de Percepción como parte de su comportamiento diario y así permitiéndole personalizar la información presentada.

Segundo Paso: Aceptación

Una cosa es entender su Estilo de Percepción, pero otra muy distinta es aceptar plenamente lo que esto implica.

Cuando aprende por primera vez sobre su Estilo de Percepción, es emocionante a medida que se identifica con las habilidades, fortalezas y comportamientos que son naturales para usted.

Hay un tremendo poder en la validación personal que proporciona la experiencia de aprender su Estilo de Percepción. Muchos lo han descrito como la primera vez que se sienten verdaderamente comprendidos.

Entender que algo que usted siempre pensó cualquier persona seria capaz de hacer es en realidad una habilidad solamente suya es algo verdaderamente gratificante.

Pero, así como su Estilo de Percepción apoya una amplia gama de habilidades y comportamientos, cada uno de los otros 5 Estilos de Percepción también apoya su propio conjunto único de habilidades y comportamientos.

Es un hecho de la vida que nadie tiene la capacidad de dominar todas las habilidades que pertenecen a otros Estilos de Percepción. Simplemente estamos siendo fácticos, ya que hay límites a lo que cualquiera de nosotros puede dominar fuera de nuestro propio repertorio natural. Así somos los seres humanos.

No hay porqué entrar en pánico. A nivel conceptual, su primera reacción será que la noción de no poder dominar todo se siente muy limitante e incómoda. Después de todo, ¿no nos han dicho a todos una y otra vez que "puede lograr cualquier cosa que se proponga"?

Claro está que hay mucha verdad en esa afirmación, pero también hay un gran precio. Cuando se proponga a dominar habilidades que no están en su repertorio natural, podrá llegar a ser muy competente en ellas. Sin embargo, debido a que no son naturales para usted, lo desgastarán más rápido y le impedirán aprovechar toda la gama de sus fortalezas naturales.

Si está enfocado en adquirir habilidades asociadas con otros Estilos de Percepción, algunas de sus habilidades naturales se desvanecerán en el fondo y permanecerán inactivas.

Descubrirá muchas cosas por ahí que no querrá dominar de todos modos y encontrará un alivio al descubrir que esas cosas son habilidades naturales para otra persona, y no tendrá que hacerlas usted.

Por lo tanto, aceptar plenamente su Estilo de Percepción significa reclamar su capacidad natural y reconocer que hay habilidades y comportamientos para los cuales no tiene potencial innato.

Tercer Paso: ¡Celebración!

La celebración se refiere al sentirse bien acerca de quién es y dónde encaja en el mundo. Es usar conscientemente sus habilidades naturales y perfeccionarlas hasta convertirlas en fortalezas.

Significa entender que no todo el mundo ve el mundo como usted, y eso está bien.

Es sentirse cómodo de que no puede hacerlo todo y aliviado de no tener que hacerlo.

Es aceptar cumplidos por lo que hace bien y reconocer la autosatisfacción al emplear sus habilidades naturales.

Es dejar de lado la necesidad de convencer a todos de que sean como usted y aceptarlos por lo que son. Porque si no fueran diferentes, usted no pudiera brillar tan intensamente gracias a sus fortalezas únicas.

Es explorar toda la gama y profundidad de su potencial natural.

¡Es hacer más de lo que mejor sabe hacer!

Tiene habilidades para las cuales posee un potencial innato que están esperando ser utilizadas.

¡Estas habilidades son fáciles para usted porque reflejan aspectos de quién fundamentalmente es! Claro, pueden requerir un poco de desarrollo, pero encontrará que los esfuerzos utilizados usando sus talentos naturales son productivos, significativos y gratificantes.

El Poder de su Percepción le permite elegir conscientemente hacer más de lo que mejor sabe hacer.

Use esta guía de acción para ayudarle a identificar lo que hace bien, realmente disfruta y sobre lo que otros a menudo le felicitan. ¡Entonces busque oportunidades para hacer esas cosas más a menudo!

El Poder de su Percepción le ayudará a explorar los aspectos únicos de sus talentos y dones permitiéndole llenar su vida con actividades y personas que le brinden alegría y satisfacción.

La vida es demasiado corta para no disfrutarla plenamente y lograr el éxito que se merece.

Sobre los Autores

Lynda-Ross Vega Lynda-Ross Vega ha estado fascinada, desde que era niña, con entender que hace funcionar a la gente. Su curiosidad por la diversidad humana y las formas de lograr que las personas se desempeñen en la forma más productiva la llevó a una carrera multifacética en las áreas de banca, tecnología y consultoría conductual.

Entre los cargos que ha desempeñado están incluidos: Ejecutiva de alto nivel, Empresaria, Propietaria de negocios, Consultora, Asesora Ejecutiva, Coach, Hija, Hermana, Esposa, Madrastra y Abuela.

Lynda-Ross es una experta en aprovechar el poder de la percepción para ayudar a las personas y organizaciones a implementar cambios, potenciar la colaboración y desarrollar el talento.

Lynda-Ross es una ávida lectora, entusiasta cocinera y fanática de la música. Le gusta caminar con su setter irlandés Kinsey, hacer ejercicio en su estudio local de barre, pasear con amistades y familia y disfrutar de vacaciones en los parques y en la playa.

Ella y su esposo, Ricardo, se retiraron de sus trabajos corporativos en 1994, formaron su propia empresa y todavía siguen viento en popa. En su tiempo libre, disfrutan pasando el tiempo con familiares y amistades, viendo fútbol de la Premier League (en realidad, casi cualquier nivel de fútbol), viajando, escuchando música, leyendo sobre la historia y presenciando obras de teatro en vivo.

Puede conectarse con Lynda-Ross en:
Website: https://thepowerofyourperception.com/portada
Linked In: linkedin.com/in/lyndarossvega
Instagram: https://www.instagram.com/lyndarossvega/
Facebook: https://www.facebook.com/descubraelpoderdesupercepción

Gary Jordan, PhD, posee más de 40 años de experiencia en psicología clínica, evaluaciones de comportamiento, desarrollo individual y coaching. Obtuvo su doctorado en psicología clínica del Colegio de Psicología Profesional parte de la Universidad de California-Berkeley en 1980.

Aunque siempre estuvo fascinado por las teorías de "tipos" y "estilos", Gary no encontró que ninguna de estas teorías integrara la experiencia interna con el comportamiento observable. Empezó a desarrollar una teoría práctica, útil y fiable una vez que presentó su tesis doctoral y continuando a lo largo de sus años de practica privada.

Gary es un experto en ayudar a las personas a entenderse a sí mismas y usar esos conocimientos para alinear sus acciones con su potencial natural.

Entre sus muchos pasatiempos e intereses, Gary es un instructor en Shaolin Kenpo que posee un cinturón negro en esa disciplina. Gary y su esposa Marcia, se conocieron cuando ella se inscribió en una de sus clases. Ellos disfrutan coordinando en trabajos paisajistas en su jardín, diseño de interiores y proyectos con muebles.

Puede conectarse con Gary en:

Website: https://thepowerofyourperception.com/portada

Linked In: https://www.linkedin.com/in/gary-jordan-ph-d-4475b011/

Facebook: https://www.facebook.com/descubraelpoderdesupercepción

www.ingramcontent.com/pod-product-compliance
Lightning Source LLC
Chambersburg PA
CBHW062114090426
42741CB00016B/3418